Mobiele Beveiliging & Appbescherming

Hoe u uw smartphone, apps en berichten veilig houdt tegen digitale indringers

Door Joe Correa

Uitgegeven door Live Stronger Faster

Eerste editie

Inhoudsopgave

Inleiding

In het digitale tijdperk is uw smartphone niet zomaar een telefoon. Het is uw camera, portemonnee, communicatiecentrum, reisgids, gezondheidsmonitor en toegangspoort tot bijna elk detail van uw persoonlijke en professionele leven. Dat maakt het een van de meest aantrekkelijke doelwitten voor cybercriminelen, dataverzamelaars en indringende apps. En terwijl de meeste mensen hun voordeur op slot doen voordat ze het huis verlaten, passen ze zelden hetzelfde niveau van beveiligingsbewustzijn toe op hun meest gebruikte apparaat.

Dit boek is uw complete gids om uw mobiele leven te beschermen. Of u nu een iPhone, Android of tablet gebruikt, dit boek biedt u een duidelijk en eenvoudig te volgen kader om uw apparaat, uw apps en uw gegevens te beveiligen—zonder dat u een technische expert hoeft te zijn. We nemen u mee door de essentiële instellingen, functies en hulpmiddelen die uw kwetsbaarheid drastisch kunnen verminderen, van encryptie en app-machtigingen tot beveiligde berichten en mobiele VPN's.

We werpen ook licht op enkele van de grootste bedreigingen waarvan de meeste mensen zich niet eens bewust zijn—zoals nepapps, geleidelijke uitbreiding van machtigingen,

Bluetooth-aanvallen, locatietracking en de verborgen risico's van gratis wifi. Elk hoofdstuk zit boordevol realistische scenario's, deskundige tips en actuele beveiligingstools die u direct kunt gebruiken.

Aan het einde van dit boek begrijpt u hoe mobiele aanvallen plaatsvinden, hoe u waarschuwingssignalen herkent en—het belangrijkste—hoe u ze kunt voorkomen. U leert hoe u uw berichten beveiligt, gevoelige documenten beschermt, veelvoorkomende valkuilen vermijdt en weer controle krijgt over uw mobiele privacy.

Of u nu een ouder, reiziger, ondernemer, freelancer, student bent, of gewoon iemand die altijd onderweg is, dit boek geeft u het vertrouwen en de kennis om uw digitale wereld te beschermen—zelfs in de meest verbonden omgevingen.

Laten we beginnen met Hoofdstuk 1: De echte gevaren van mobiele cybercriminaliteit—en waarom het beveiligen van uw smartphone net zo belangrijk is als het op slot doen van uw voordeur.

Hoofdstuk 1: De werkelijke gevaren van mobiele cybercriminaliteit

De meeste mensen dragen hun hele leven in hun zak—maar weinigen begrijpen echt de risico's die daarbij horen. De smartphone is een verlengstuk van het menselijk brein geworden: hij slaat onze wachtwoorden, persoonlijke foto's, gesprekken, financiële apps, gezondheidsgegevens, locatiegeschiedenis en zelfs biometrische identificaties zoals vingerafdrukken en gezichtsherkenning op. Dat maakt mobiele apparaten tot het meest aantrekkelijke doelwit voor cybercriminelen, identiteitsdieven en digitale spionnen. Maar de dreiging gaat niet alleen over hackers in een donkere kamer die code schrijven. De ernstigere gevaren zijn vaak legaal, onzichtbaar en ingebouwd in de apps die we elke dag gebruiken.

Laten we beginnen met een fundamentele waarheid: uw telefoon zendt voortdurend gegevens uit. Of het nu gaat om GPS-locatie, Bluetooth-signalen, wifi-verzoeken of mobiele advertentie-ID's, uw apparaat communiceert continu met netwerken, zendmasten en nabijgelegen apparaten. Deze gegevensstroom kan worden verzameld, opgeslagen, geanalyseerd en verkocht door app-ontwikkelaars, adverteerders of kwaadwillende partijen. Veel mensen realiseren zich niet dat zelfs "gratis" zaklamp- of weerapps spyware kunnen bevatten die contacten, microfoongegevens of gebruikspatronen verzamelt—zonder dat dit opvalt.

Een van de meest voorkomende en ondergerapporteerde gevaren is permission creep—een situatie waarin een app aanvankelijk toegang vraagt tot basisfuncties (zoals locatie of foto's), maar na verloop van tijd steeds meer en ingrijpendere machtigingen vraagt en verzamelt. Zo kan een eenvoudige notitie-app plotseling toegang willen tot uw microfoon, agenda of camera. De meeste gebruikers tikken op "Toestaan" zonder de gevolgen te begrijpen. Deze machtigingen kunnen worden misbruikt om gesprekken af te luisteren, foto's te maken of gevoelige bestanden op de achtergrond te openen.

Daarnaast is er de dreiging van nepapps—kwaadaardige software die zich voordoet als legitieme applicaties. Deze komen vooral vaak voor in externe appstores of in regio's waar Android dominant is. Een nepbankapp kan er bijvoorbeeld exact zo uitzien als de echte app van uw bank, maar in plaats van u te helpen inloggen, steelt deze uw gegevens. Zodra ze geïnstalleerd zijn, kunnen deze apps onopgemerkt werken, tweestapsverificatiecodes onderscheppen, berichten lezen en privégegevens naar een server van de aanvaller sturen.

Openbare wifi vormt ook een groot risico. Man-in-the-middle-aanvallen zijn een type cyberaanval waarbij hackers valse wifi-netwerken opzetten op openbare plekken—vaak met namen zoals "Free_Wifi" of "Starbucks_Guest." Zodra u verbinding maakt, kan de aanvaller alles onderscheppen wat u verzendt: inloggegevens, creditcardnummers, persoonlijke e-mails en zelfs VPN-verkeer als dit niet goed versleuteld is. Dit is vooral gevaarlijk voor mensen die onderweg mobiel bankieren, bestanden verzenden of online winkelen.

Zelfs Bluetooth kan worden misbruikt. Aanvallen zoals BlueBorne en BlueSnarfing stellen hackers in staat om Bluetooth-verbindingen te gebruiken om bestanden, contacten te stelen of zelfs controle over uw apparaat over te nemen—zonder enige interactie. Bluetooth ingeschakeld laten op drukke plaatsen zoals luchthavens, conferenties of concerten vergroot uw risico aanzienlijk.

Uw apparaat is ook een toegangspoort tot social engineering-aanvallen. Phishingberichten via sms (smishing) of berichtenapps kunnen identiek lijken aan legitieme bronnen. Door op een link te klikken in een nepbericht van bijvoorbeeld een bezorgdienst of bank, kan er direct malware worden geïnstalleerd of wordt u doorgestuurd naar een valse website die uw inloggegevens steelt. Wat dit nog gevaarlijker maakt, is dat mobiele gebruikers sneller klikken en minder aandachtig lezen door het kleine scherm en het snelle tempo.

Om het nog complexer te maken, zijn mobiele besturingssystemen niet waterdicht. Hoewel Apple iOS en Android gebruikmaken van sandboxing, encryptie en regelmatige updates, kunnen deze beveiligingslagen worden omzeild via jailbreaks, verouderde software of zogenaamde zero-day kwetsbaarheden die nog niet zijn opgelost. Zodra uw apparaat is gecompromitteerd, verandert het in een surveillancetool—die elke toetsaanslag registreert, wachtwoorden ontgrendelt en gegevens verzendt zonder dat u het merkt.

Kort samengevat: mobiele apparaten zijn schatkamers van data—en daardoor zeer waardevolle doelwitten voor zowel hackers als datagedreven bedrijven. De dreigingen zijn echt, constant en voortdurend in ontwikkeling. Maar dat betekent niet dat u weerloos bent. In de volgende hoofdstukken bespreken we specifieke tools en technieken om uzelf te beschermen: van app-machtigingen en encryptie tot veilige berichtenapps, mobiele VPN's en realtime dreigingsdetectie.

Onthoud dit: als u uw portemonnee, paspoort of dagboek niet onbeheerd in het openbaar zou achterlaten, doe dat dan digitaal ook niet. Uw smartphone is al deze dingen—en nog veel meer.

Verhaal: Carlos en mobiele cybercriminaliteit

Carlos was net geland in New York na een zakenreis naar Mexico-Stad. Terwijl hij door JFK Airport liep, pakte hij zijn telefoon om e-mails te checken, een Uber te bestellen en zijn vrouw te laten weten dat hij was geland. Het leek een gewone drukke maandag—totdat dat niet meer zo was.

Tegen de tijd dat hij in de Uber zat, merkte Carlos iets vreemds. Zijn bankapp had hem onverwachts uitgelogd. Hij dacht dat het een fout was en probeerde opnieuw in te loggen. Verkeerd wachtwoord. Nog een keer. Weer verkeerd. Hij staarde verbaasd naar het scherm. Hij had het niet veranderd. Niemand anders kende het. En hij had het nog maar een paar uur eerder gebruikt.

Hij probeerde vervolgens zijn e-mail te openen, maar kreeg een melding: "Uw wachtwoord is gewijzigd. Als u dit niet was, klik hier." Een knoop vormde zich in zijn maag.

Binnen enkele minuten begon zijn telefoon onophoudelijk te trillen. Zijn creditcardmaatschappij meldde een transactie van $1.500 in Chicago. Daarna kwam er een melding dat zijn Apple ID vanaf een ander apparaat was gebruikt. Vervolgens nog een voor zijn Dropbox. Hij had de luchthaven nog niet eens verlaten, en zijn digitale leven viel sneller uit elkaar dan hij kon reageren.

Hoe kon dit gebeuren?

Drie dagen eerder, in een rustig café in Mexico-Stad, had Carlos verbinding gemaakt met gratis wifi. Het was handig en hij had het al vaak gedaan. Die ochtend uploadde hij gevoelige documenten, logde hij in op zijn investeringsaccount en beantwoordde hij zakelijke e-mails—allemaal via dat netwerk.

Wat hij niet wist, was dat het netwerk nep was—opgezet door een hacker die stilletjes al zijn gegevens onderschepte. Vervolgens installeerde de hacker malware via een nep-update, waardoor hij volledige toegang kreeg tot Carlos' apparaat. Toen Carlos later opnieuw verbinding maakte met openbare wifi, werd alle verzamelde data doorgestuurd.

Thuis probeerde Carlos de schade te herstellen. Hij wijzigde wachtwoorden, belde zijn bank, blokkeerde zijn accounts en reset zijn telefoon. Maar het kwaad was al geschied. Zijn gegevens waren gestolen en zijn identiteit liep risico.

Vastbesloten om dit nooit meer te laten gebeuren, begon Carlos zich te verdiepen in mobiele beveiliging. Hij gebruikte voortaan een VPN, controleerde app-machtigingen en leerde phishing en nepapps herkennen. Hij beschermde niet alleen zichzelf, maar ook zijn gezin door hen hetzelfde te leren.

Carlos' verhaal is geen uitzondering—het is een waarschuwing voor de moderne tijd. En precies daarom bestaat dit boek: om u te helpen begrijpen hoe kwetsbaar we zijn in een mobiele wereld, en hoe u de controle terug kunt nemen met de juiste kennis, gewoonten en tools.

Hoofdstuk 2: Begrijpen van app-machtigingen en hoe ze u kunnen uitbuiten

Elke keer dat u een nieuwe app installeert, wordt u om machtigingen gevraagd. Soms zijn ze logisch: een navigatie-app heeft toegang tot uw locatie nodig; een camera-app moet uw camera gebruiken. Maar wat gebeurt er wanneer een zaklamp-app toegang tot uw microfoon vraagt? Of wanneer een fotobewerkingsapp uw contacten wil inzien? De waarheid is dat app-machtigingen een van de meest over het hoofd geziene, maar tegelijkertijd meest misbruikte onderdelen van mobiele beveiliging zijn.

Machtigingen vormen de brug tussen een app en de interne functies van uw telefoon. Dit omvat toegang tot uw locatie, microfoon, camera, agenda, berichten, foto's, belgeschiedenis, biometrische gegevens, opslag en zelfs uw schermactiviteit. Elke machtiging kan, als deze wordt misbruikt, een toegangspoort worden tot surveillance of datadiefstal. Het probleem is dat de meeste mensen simpelweg op "Toestaan" klikken zonder erbij na te denken—of erger nog, apps instellen op "Altijd toestaan" terwijl "Alleen tijdens gebruik" voldoende zou zijn.

Laten we bekijken hoe deze machtigingen vaak worden misbruikt. Een ogenschijnlijk onschuldige app kan toegang tot uw locatie vragen en vervolgens uw bewegingsgegevens stilletjes verkopen aan adverteerders of datamakelaars. Een andere app kan uw klembordgeschiedenis verzamelen—wat betekent dat gekopieerde wachtwoorden of creditcardgegevens kunnen worden onderschept. Sommige apps vragen toegang tot sms-berichten onder het mom van verificatie, maar gebruiken dit om tweestapsverificatiecodes te onderscheppen of uw contacten te spammen.

Dan is er toegang tot microfoon en camera. Een app die toegang heeft tot beide, kan technisch gezien audio opnemen of foto's maken zonder uw medeweten. Hoewel mobiele besturingssystemen vereisen dat apps expliciet toestemming vragen, vinden kwaadaardige apps soms manieren om dit te omzeilen—vooral op verouderde of gejailbreakte apparaten. Zelfs legitieme apps zijn betrapt op het op de achtergrond verzamelen van gebruikersgegevens onder het mom van "analyse."

Machtigingen kunnen ook in de loop van de tijd veranderen. U installeert een app en geeft beperkte toegang, maar bij een update kan de app extra machtigingen aanvragen. Als u automatische updates hebt ingeschakeld, merkt u mogelijk niet eens dat de app meer toegang heeft gekregen. Dit wordt permission creep genoemd en komt zeer vaak voor.

Hoe krijgt u de controle terug? Begin met het handmatig controleren van de machtigingen van elke app. Op Android gaat u naar Instellingen > Privacy > Machtigingenbeheer. Op iOS gaat u naar Instellingen > Privacy en beveiliging en bekijkt u per categorie (zoals microfoon of camera) welke apps toegang hebben. Trek machtigingen in die niet logisch zijn voor de functie van de app.

U kunt ook tools gebruiken om machtigingen te monitoren. Apps zoals Bouncer (Android) geven tijdelijke machtigingen die automatisch verlopen. Andere tools, zoals Jumbo of DuckDuckGo App Tracking Protection, blokkeren trackers van derden en geven inzicht in hoe uw gegevens worden gebruikt en verzonden.

Let daarnaast goed op hoe u apps installeert. Gebruik altijd officiële appstores zoals Google Play of de Apple App Store en vermijd externe APK-bestanden tenzij u de bron volledig vertrouwt. Controleer vóór installatie de ontwikkelaar, recensies, het aantal downloads en de updategeschiedenis. Apps met weinig beoordelingen of die lijken op bekende apps kunnen een teken zijn van malware.

Zelfs bij legitieme apps kunt u alternatieven overwegen die minder machtigingen vereisen. Er zijn bijvoorbeeld rekenmachines die geen internettoegang nodig hebben. Berichtenapps zoals Signal gebruiken end-to-end encryptie en vragen geen toegang tot uw contacten zonder uw toestemming. Populariteit betekent niet automatisch dat een app uw privacy respecteert.

Een andere belangrijke stap is het beperken van achtergrondactiviteit. Zowel iOS als Android bieden opties om apps te beperken in achtergrondgebruik of locatiegebruik wanneer ze niet actief zijn. Dit voorkomt dat apps voortdurend uw locatie volgen of gegevens verzenden.

Uiteindelijk is bewustzijn gecombineerd met digitale hygiëne uw beste verdediging. Maak er een maandelijkse gewoonte van om uw telefoon te controleren—verwijder ongebruikte apps, controleer machtigingen en houd uw besturingssysteem en apps up-to-date. Hoe meer controle u heeft over uw apps, hoe minder controle derden over uw leven hebben.

Het begrijpen van app-machtigingen gaat niet alleen over instellingen aanpassen—het gaat over het beschermen van uw gegevens, uw identiteit en uw gemoedsrust. Het gemak van mobiele technologie mag nooit ten koste gaan van onzichtbare surveillance.

Verhaal: Hoe Ava de prijs van privacy leerde kennen

Ava hield van fotografie. Als beginnende content creator in haar twintiger jaren bracht ze uren door met het maken van foto's en het bewerken ervan met de nieuwste apps. Tijdens een weekendtrip naar Arizona ontdekte ze een nieuwe app genaamd ProFilter+. Deze beloofde professionele filters—gratis. Zonder na te denken downloadde ze de app en gaf ze alle gevraagde machtigingen.

Drie dagen later voelde er iets niet goed. Haar batterij liep sneller leeg, haar telefoon werd warm en er verschenen vreemde meldingen. Toen ze haar instellingen controleerde, zag ze dat de app toegang had tot haar microfoon, camera, locatie en zelfs haar contacten.

Waarom had een fotobewerkingsapp dat nodig?

Ze ontdekte dat de app haar locatie tientallen keren per dag had gebruikt en mogelijk gegevens had doorgestuurd. Nadat ze de app verwijderde en hulp zocht bij een cybersecurity-expert, bleek dat de app constant op de achtergrond draaide en gegevens naar externe servers stuurde.

Samen ruimden ze haar telefoon op: ze verwijderden verdachte apps, beperkten machtigingen, schakelden achtergrondactiviteit uit en installeerden beveiligingstools zoals een VPN en privacybescherming.

De grootste les? Ava had nooit eerder nagedacht over waarom apps bepaalde toegang nodig hadden.

Sindsdien controleert ze regelmatig haar instellingen, onderzoekt ze apps vóór installatie en kiest ze voor privacyvriendelijke alternatieven. Haar telefoon voelt nu sneller, veiliger en onder controle.

De volgende keer dat een nieuwe app populair wordt, stelt Ava zichzelf één vraag: "Heeft deze app echt al deze toegang nodig?"

De meeste mensen beseffen niet hoeveel ze prijsgeven met één tik. Maar Ava leerde op de harde manier dat gemak een prijs heeft—en dat die prijs vaak uw privacy is.

Hoofdstuk 3: Risico's van openbare wifi, Bluetooth en locatietracking

In een altijd verbonden wereld komt mobiel gemak met een prijs. Openbare wifi-netwerken, Bluetooth-signalen en locatietrackingdiensten zijn allemaal ontworpen om het leven makkelijker te maken—maar ze creëren ook grote kwetsbaarheden die kunnen worden misbruikt zonder dat u het doorheeft. De uitdaging ligt in het begrijpen hoe deze tools werken en hoe ze kunnen worden gemanipuleerd door aanvallers, adverteerders en zelfs de apps die u vertrouwt.

Laten we beginnen met openbare wifi, een van de meest voorkomende en gevaarlijke mobiele beveiligingsrisico's. Cafés, luchthavens, hotels en winkelcentra bieden vaak gratis wifi aan—maar "gratis" heeft vaak verborgen kosten. Deze netwerken zijn vaak onbeveiligd, wat betekent dat ze geen encryptie gebruiken om de gegevens die u verzendt of ontvangt te beschermen. Informatie die u via onbeveiligde verbindingen verzendt—zoals e-mails, wachtwoorden of creditcardgegevens—kan eenvoudig worden onderschept. Nog erger: hackers kunnen valse netwerken opzetten met namen zoals "Free_WiFi" of "Starbucks_Guest," die legitiem lijken maar volledig worden gecontroleerd door aanvallers. Zodra u verbinding maakt, kunnen zij gegevens onderscheppen, malware injecteren of zich voordoen als vertrouwde websites.

Zelfs versleuteld HTTPS-verkeer is niet volledig veilig als een aanvaller u kan misleiden om een valse beveiligingscertificaat te installeren of een kwetsbaarheid in uw browser kan uitbuiten. Mobiel bankieren, bestanden synchroniseren of inloggen op cloudaccounts via openbare wifi kan leiden tot ernstige datalekken als dit zonder bescherming gebeurt.

De tweede grote risicofactor is Bluetooth. Veel mensen laten Bluetooth standaard ingeschakeld voor gemak—bijvoorbeeld voor verbinding met koptelefoons, auto's of smartwatches. Maar Bluetooth zendt continu een signaal uit dat door apparaten in de buurt kan worden gedetecteerd. Kwetsbaarheden zoals BlueBorne hebben aangetoond dat aanvallers toegang kunnen krijgen tot een apparaat simpelweg door in de buurt te zijn—zelfs zonder dat de gebruiker een verbinding accepteert. Andere aanvallen, zoals BlueSnarfing, maken het mogelijk om gegevens te stelen of ongeautoriseerde toegang te verkrijgen tot het bestandssysteem van uw apparaat.

Het uitschakelen van Bluetooth wanneer u het niet gebruikt, is een eenvoudige maar krachtige beveiligingsmaatregel. Zelfs als u uw apparaten vertrouwt, is het niet nodig om Bluetooth 24/7 ingeschakeld te laten—vooral niet op drukke openbare plaatsen zoals luchthavens of openbaar vervoer.

De derde belangrijke risicofactor is locatietracking. Smartphones gebruiken GPS, wifi en zendmasten om uw exacte locatie te bepalen. Hoewel dit handige functies mogelijk maakt—zoals navigatie en weerupdates—is het ook een groot privacyrisico.

Apps die locatiegegevens verzamelen, delen of verkopen deze vaak aan derden. Sommige apps volgen uw bewegingen continu—zelfs wanneer ze niet actief zijn—en slaan deze gegevens langdurig op. Dit kan leiden tot gedetailleerde profielen van uw dagelijkse leven: waar u werkt, woont, reist en winkelt. Deze informatie kan worden verkocht, gehackt of gebruikt voor gerichte advertenties.

Om de controle terug te krijgen, begint u met het controleren van locatie-instellingen. Sta alleen toegang toe "Tijdens gebruik van de app," tenzij het absoluut noodzakelijk is. Schakel "Precieze locatie" uit wanneer dit niet nodig is en beperk achtergrondactiviteit voor apps die dit niet vereisen. U kunt ook functies zoals locatiegeschiedenis uitschakelen om te voorkomen dat uw bewegingen worden opgeslagen.

Een andere belangrijke stap is het gebruik van een mobiele VPN. Een VPN versleutelt uw internetverbinding, wat vooral belangrijk is bij gebruik van openbare wifi. Het verbergt uw IP-adres en beschermt uw gegevens tegen hackers en internetproviders. Kies bij voorkeur een betrouwbare, betaalde VPN zonder logboekregistratie, aangezien gratis VPN's vaak uw gegevens verkopen of advertenties tonen.

Schakel daarnaast automatische wifi-verbindingen uit. Veel telefoons verbinden automatisch met bekende netwerken, wat kan leiden tot verbinding met kwaadaardige hotspots zonder dat u het merkt.

Kort samengevat: de draadloze mogelijkheden van uw smartphone bieden gemak en snelheid, maar brengen ook risico's met zich mee. Door bewust om te gaan met wifi, Bluetooth en locatie-instellingen kunt u uw digitale voetafdruk verkleinen en uw gegevens beter beschermen.

Het doel is niet om bang te zijn voor deze technologieën, maar om ze verstandig te gebruiken. In het volgende hoofdstuk leert u hoe u uw smartphone optimaal kunt beveiligen met de juiste instellingen en tools.

Verhaal: Jordan en zijn bankapp

Jordan was een digitale nomade—een freelance ontwerper die werkte vanuit cafés, coworkingruimtes en luchthavens over de hele wereld. Zijn telefoon was zijn belangrijkste hulpmiddel. Maar ondanks zijn kennis maakte hij één fout: hij koos gemak boven veiligheid.

Op een regenachtige dag in Thailand maakte hij verbinding met gratis wifi in een café en controleerde hij zijn bankrekening. Later die avond kreeg hij meldingen van verdachte transacties. Zijn account was gehackt.

Na onderzoek bleek dat hij verbinding had gemaakt met een nep-wifinetwerk dat sterk leek op het echte netwerk. De aanvaller onderschepte zijn gegevens en kreeg toegang tot zijn accounts. Daarnaast stond Bluetooth aan, waardoor extra gegevens konden worden gestolen.

Een cybersecurity-expert hielp hem zijn telefoon te beveiligen: hij schakelde Bluetooth uit, verwijderde verdachte netwerken, beperkte locatiegebruik en installeerde een VPN.

Sindsdien is Jordan veel voorzichtiger. Hij gebruikt alleen beveiligde verbindingen, controleert machtigingen en deelt zijn ervaring met anderen.

Zijn les is simpel: connectiviteit zonder voorzichtigheid is alsof u uw voordeur open laat in een drukke stad. Beveiliging betekent niet dat u alles afsluit—maar dat u bewust kiest wat u toelaat en wanneer.

Hoofdstuk 4: Uw smartphone beveiligen — instellingen, tools en best practices

Het beveiligen van uw smartphone begint met een verandering in mindset: uw telefoon is niet zomaar een apparaat—het is uw identiteit, uw portemonnee en uw privéleven, samengebracht in één object dat u overal mee naartoe neemt. Elke tik, download of swipe creëert een nieuwe kans—voor productiviteit of voor misbruik. Gelukkig beschikken moderne smartphones over krachtige ingebouwde beveiliging—u moet deze alleen goed gebruiken. Dit hoofdstuk biedt een stapsgewijze gids om uw telefoon te beveiligen met slimme instellingen, gratis tools en bewezen gewoonten.

Laten we beginnen met uw vergrendelscherm. Dit is uw eerste verdedigingslinie. Gebruik een sterke zescijferige pincode of een alfanumerieke toegangscode in plaats van een eenvoudige viercijferige code. Biometrische authenticatie—zoals Face ID of een vingerafdruk—is handig, maar moet altijd worden gecombineerd met een sterke back-upcode. Vermijd eenvoudige ontgrendelpatronen of gezichtsherkenning die alleen de camera gebruikt—deze kunnen worden omzeild. Schakel ook meldingen op het vergrendelscherm uit voor gevoelige apps zoals e-mail, berichten en bankapps.

Controleer vervolgens of automatische beveiligingsupdates zijn ingeschakeld. Zowel Android als iOS brengen regelmatig belangrijke beveiligingsupdates uit. Schakel “Automatische updates” in om ervoor te zorgen dat uw apps en besturingssysteem altijd up-to-date zijn. Een niet-geüpdatete telefoon is een van de meest kwetsbare apparaten, vooral met de toename van zero-day kwetsbaarheden.

Een van de meest over het hoofd geziene instellingen is het controleren van app-machtigingen. Bekijk elke maand welke apps toegang hebben tot uw camera, microfoon, contacten, agenda en locatie. Vraag uzelf af: heeft deze app dit echt nodig? Zo niet, trek de toestemming in. Op Android gaat u naar Instellingen > Privacy > Machtigingenbeheer. Op iOS naar Instellingen > Privacy en beveiliging.

Om uw gegevens te beschermen, schakelt u versleuteling in. De meeste iPhones doen dit automatisch. Op Android kunt u dit vinden onder Instellingen > Beveiliging > Versleuteling. Dit zorgt ervoor dat uw gegevens niet toegankelijk zijn zonder uw toegangscode, zelfs als uw telefoon wordt gestolen.

Een andere belangrijke gewoonte is het maken van regelmatige back-ups. Gebruik versleutelde cloudback-ups of lokale versleutelde back-ups. Vermijd apps van derden die onnodig veel toegang vragen. In geval van verlies, schade of malware is een back-up uw reddingslijn.

Voor communicatie is het belangrijk om veilige berichtenapps te gebruiken. Vermijd standaard sms voor gevoelige gesprekken. Gebruik apps met end-to-end encryptie zoals Signal of WhatsApp. Signal is de meest privacyvriendelijke optie. Schakel functies zoals verdwijnende berichten en biometrische vergrendeling in voor extra bescherming.

Installeer een betrouwbare VPN—vooral als u openbare wifi gebruikt. Een VPN versleutelt uw internetverkeer en beschermt uw gegevens tegen hackers. Kies een gerenommeerde betaalde dienst met een no-logs beleid. Gratis VPN's brengen vaak risico's met zich mee, zoals dataverkoop of advertenties.

Android-gebruikers kunnen extra beveiliging toevoegen met privacy-firewalls zoals NetGuard. iOS-gebruikers kunnen apps gebruiken zoals Lockdown Privacy. Deze tools geven inzicht in netwerkverkeer en blokkeren verdachte activiteiten.

Schakel advertentietracking en gegevensdeling uit. Op iOS gaat u naar Instellingen > Privacy > Tracking. Op Android naar Instellingen > Google > Advertenties. Reset regelmatig uw advertentie-ID.

Schakel ook functies uit zoals AirDrop, NFC en Nearby Share wanneer u deze niet gebruikt. Deze kunnen door onbekende apparaten worden misbruikt. Zet Bluetooth en wifi uit wanneer u ze niet nodig heeft—vooral in openbare ruimtes.

Activeer “Zoek mijn apparaat” of “Zoek mijn iPhone.” Hiermee kunt u uw telefoon op afstand lokaliseren, vergrendelen of wissen. Stel dit direct in bij aanschaf van een nieuw apparaat.

Deze instellingen kosten misschien 30 minuten om in te stellen, maar ze beschermen u tegen jaren van risico, stress en financiële schade. Uw telefoon wordt sneller, veiliger en beter beschermd.

In het volgende hoofdstuk leert u hoe u uw communicatie en bestanden verder kunt beveiligen met encryptie en privacytools.

Verhaal: Riley’s ervaring

Riley dacht altijd dat haar iPhone veilig was. Maar na een cybersecurity-seminar besefte ze hoeveel risico’s ze had genegeerd. Een expert liet zien hoe eenvoudig een telefoon kon worden gehackt door slechte instellingen.

Thuis begon ze meteen haar instellingen aan te passen. Ze veranderde haar toegangscode, controleerde app-machtigingen en verwijderde apps die onnodig toegang hadden. Ze ontdekte dat sommige apps haar locatie maandenlang hadden gevolgd.

Ze stapte over op een beveiligde berichtenapp, verwijderde opgeslagen wifi-netwerken, schakelde automatische verbindingen uit en installeerde een VPN. Ook schakelde ze Bluetooth uit wanneer dit niet nodig was en beperkte ze achtergrondactiviteit.

Toen ze haar instellingen had aangepast, voelde haar telefoon veiliger en sneller. Ze had controle teruggewonnen.

Later hielp ze een vriendin die was gehackt, door dezelfde stappen te volgen. Wat begon als een zorg, werd een gevoel van controle en zekerheid.

Riley maakte er een gewoonte van om haar digitale leven maandelijks te controleren—net zoals haar financiën en gezondheid. Want het beveiligen van uw telefoon gaat niet alleen over technologie, maar ook over gemoedsrust.

Hoofdstuk 5: Het beschermen van persoonlijke bestanden, foto's en cloudgegevens

Uw smartphone is meer dan een communicatiemiddel—het is een persoonlijke kluis. Het bevat duizenden foto's, privédocumenten, gescande identiteitsbewijzen, contracten, financiële gegevens en zelfs gevoelige notities. Hoewel smartphones uiterst handig zijn om uw leven te beheren, maakt diezelfde gemak ze tot waardevolle doelwitten voor diefstal, hacking en surveillance. Als uw bestanden, foto's of cloudaccounts worden gecompromitteerd, kunnen de gevolgen ernstig zijn—van identiteitsdiefstal en afpersing tot financieel verlies en emotionele stress.

De eerste stap in het beschermen van uw gegevens is begrijpen hoe ze worden opgeslagen en gedeeld. De meeste gebruikers vertrouwen op cloudservices zoals iCloud, Google Drive, OneDrive of Dropbox. Deze zijn efficiënt, maar niet immuun voor aanvallen of datalekken. Als uw cloudaccount wordt gehackt, kan een aanvaller toegang krijgen tot uw volledige digitale leven—vooral als u wachtwoorden hergebruikt of geen tweestapsverificatie gebruikt.

Begin met het beveiligen van uw cloudaccounts met sterke, unieke wachtwoorden en schakel tweestapsverificatie (2FA) in. Vermijd sms-gebaseerde verificatie indien mogelijk, omdat deze kan worden onderschept. Gebruik liever apps zoals Authy, Google Authenticator of Microsoft Authenticator. Voor extra beveiliging kunt u een fysieke beveiligingssleutel gebruiken.

Controleer ook de deelinstellingen van uw bestanden. Documenten die u ooit hebt gedeeld, kunnen nog steeds toegankelijk zijn via oude links. Ga uw cloudinstellingen na en trek toegang in waar dat niet meer nodig is. Vermijd instellingen zoals "Iedereen met de link kan bekijken" tenzij het echt noodzakelijk is.

Versleutel gevoelige bestanden voordat u ze naar de cloud uploadt. Tools zoals Cryptomator of 7-Zip maken het mogelijk om bestanden met een wachtwoord te beveiligen. Zelfs als uw account wordt gehackt, blijven deze bestanden onleesbaar zonder de sleutel.

Gebruik op uw telefoon beveiligde opslagapps om privéfoto's, documenten en notities te beschermen. Apps zoals Keepsafe of Proton Drive bieden versleutelde opslag met wachtwoord- of biometrische beveiliging.

Voor foto's is het verstandig om automatische synchronisatie uit te schakelen voor gevoelige mappen. Controleer welke foto's worden geback-upt en gebruik indien nodig een aparte beveiligde map voor belangrijke bestanden zoals identiteitsbewijzen of financiële documenten.

Wees ook voorzichtig met scanner-apps. Veel van deze apps slaan documenten automatisch op in de cloud. Kies apps die lokale opslag en sterke encryptie bieden, en upload bestanden handmatig naar een beveiligde omgeving.

Maak regelmatig offline back-ups op een versleutelde externe schijf. Cloudopslag is handig, maar niet waterdicht. Een offline back-up beschermt u tegen verlies, ransomware of datacorruptie.

Let daarnaast goed op app-machtigingen. Sommige apps vragen volledige toegang tot uw foto's en bestanden zonder duidelijke reden. Controleer of dit echt nodig is en kies waar mogelijk privacyvriendelijke alternatieven.

Voor extra bescherming kunt u mobiele beveiligingsapps gebruiken die datalekken detecteren en anti-diefstalfuncties bieden. Deze kunnen u waarschuwen bij verdachte activiteiten en helpen bij het op afstand wissen van gegevens.

Uiteindelijk komt het beschermen van uw bestanden neer op één principe: als iets waardevol is voor u, is het ook waardevol voor iemand anders. Behandel uw gegevens met dezelfde zorg als uw paspoort of portemonnee.

In het volgende hoofdstuk leert u hoe u uw communicatie verder kunt beveiligen met versleutelde berichten en veilige apps.

Verhaal: Natasha's ervaring

Natasha was een succesvolle freelance advocaat die al haar werk digitaal beheerde. Haar documenten, contracten en klantgegevens stonden opgeslagen in de cloud.

Op een dag ontving ze een melding dat iemand toegang had gekregen tot haar account vanuit Rusland. Kort daarna bleek dat gevoelige bestanden waren gedownload en werd ze afgeperst.

De oorzaak? Ze gebruikte vergelijkbare wachtwoorden en had geen tweestapsverificatie ingesteld. Hierdoor kon een aanvaller eenvoudig toegang krijgen.

Na hulp van een expert verbeterde ze haar beveiliging drastisch: sterke wachtwoorden, 2FA, versleutelde opslag en veilige scanner-apps. Ze beperkte ook automatische synchronisatie en beschermde haar foto's en documenten beter.

Binnen enkele dagen veranderde haar situatie van kwetsbaar naar veilig.

Haar belangrijkste les: wacht niet tot er iets misgaat. Als iets belangrijk genoeg is om op te slaan, is het belangrijk genoeg om te beschermen.

Hoofdstuk 6: Veilige berichten, oproepen en videogesprekken op mobiel

Sms'en, bellen en videobellen zijn de meest gebruikte manieren waarop mensen via hun smartphone communiceren. Wat veel gebruikers echter niet beseffen, is dat deze gesprekken niet altijd privé zijn. Van onveilige standaard berichtenapps tot niet-versleutelde videoplatforms en telecomproviders die gegevens opslaan—uw mobiele communicatie is kwetsbaarder dan u denkt. In een tijdperk van digitale surveillance is het beveiligen van uw gesprekken geen luxe, maar een noodzaak.

Laten we beginnen met sms (tekstberichten). Sms is een van de minst veilige communicatiemethoden. Berichten worden in platte tekst verzonden en kunnen worden onderschept door providers, autoriteiten of aanvallers. In veel landen worden sms-gegevens maanden of zelfs jaren opgeslagen. Voor privacygevoelige communicatie is sms daarom niet geschikt.

Gebruik in plaats daarvan berichtenapps met end-to-end encryptie, waarbij alleen de verzender en ontvanger de inhoud kunnen lezen. Enkele van de beste opties zijn:
Signal: beschouwd als de veiligste optie, open-source, zonder advertenties en met functies zoals verdwijnende berichten en

versleutelde gesprekken.

WhatsApp: gebruikt end-to-end encryptie, maar verzamelt metadata zoals contactmomenten.

Telegram: biedt encryptie alleen in “Secret Chats.”

Threema en Wire: minder bekend, maar zeer veilig en privacygericht.

Voor spraak- en videogesprekken geldt hetzelfde principe. De standaard belapp van uw provider is meestal niet volledig versleuteld. Gebruik apps zoals Signal, WhatsApp of FaceTime voor veilige gesprekken.

Let goed op microfoon- en cameratoegang. Veel apps vragen toegang, zelfs wanneer ze niet actief zijn. Controleer regelmatig of apps deze functies op de achtergrond gebruiken. Zowel iOS als Android tonen tegenwoordig indicatoren wanneer microfoon of camera actief is.

Beperk toegang tot deze functies tot alleen vertrouwde apps. Schakel microfoon- en cameratoegang uit voor apps die deze niet nodig hebben.

Bij videoconferenties (zoals Zoom of Teams) is het belangrijk te weten dat niet alle platforms volledig versleuteld zijn. Voor gevoelige gesprekken zijn veilige alternatieven zoals Signal of Jitsi Meet beter geschikt.

Voor extra anonimiteit kunt u tijdelijke telefoonnummers gebruiken via apps zoals Burner of Hushed. Dit voorkomt dat u uw echte nummer hoeft te delen.

Wees alert op social engineering via berichten. Aanvallers kunnen zich voordoen als bekende contacten en u proberen te misleiden om links te openen of gevoelige informatie te delen. Controleer altijd de afzender bij verdachte berichten.

Gebruik extra beveiligingsmaatregelen zoals tweestapsverificatie, pincodebeveiliging en verdwijnende berichten. Veel apps bieden ook biometrische vergrendeling voor extra bescherming.

Controleer ook uw back-ups. Sommige apps slaan berichten op in de cloud zonder encryptie, zelfs als de berichten zelf wel versleuteld zijn. Schakel deze back-ups uit of gebruik versleutelde opties.

Kort samengevat: veilige communicatie vereist meer dan alleen een goede app. Het vraagt om bewustzijn, juiste instellingen en veilige gewoonten.

In het volgende hoofdstuk leert u meer over spyware en verborgen dreigingen in mobiele apps.

Verhaal: Lena en encryptie

Lena werkte als onderzoeksjournalist en communiceerde met vertrouwelijke bronnen. Ze gebruikte standaard sms en telefoongesprekken, zonder zich bewust te zijn van de risico's.

Toen haar werd gewaarschuwd dat haar communicatie mogelijk werd gemonitord, begon ze dit serieus te nemen. Haar telefoon vertoonde vreemde signalen en een expert bevestigde dat haar communicatie niet veilig was.

Ze stapte over op Signal, schakelde tweestapsverificatie in en beperkte app-machtigingen. Ook schakelde ze cloudback-ups uit en gebruikte ze veilige communicatiekanalen voor gevoelige gesprekken.

Sindsdien werkt ze volledig beveiligd en beschermt ze haar bronnen beter.

Haar belangrijkste les: in de digitale wereld moet u niet alleen uw gegevens beschermen, maar ook uw gesprekken. Privacy is een keuze—en die keuze begint bij u.

Hoofdstuk 7: Valkuilen van mobiele apps, malware en spywaredreigingen

Niet alle mobiele apps zijn wat ze lijken. Sommige doen zich voor als handige tools, games of entertainmentplatforms—maar op de achtergrond verzamelen ze uw gegevens, installeren ze trackingsoftware of functioneren ze zelfs als spyware. De moderne smartphone is een goudmijn geworden voor ontwikkelaars en aanvallers, en gebruikers die deze appvalkuilen niet herkennen, stellen zich bloot aan surveillance, identiteitsdiefstal of erger.

Laten we beginnen met kwaadaardige apps. Dit zijn applicaties die er legitiem uitzien, maar ontworpen zijn om gegevens te stelen, malware te installeren of functies van uw apparaat over te nemen. Ze komen vaak voor in externe appstores of op verdachte websites, maar soms zelfs in officiële stores. Ze vermommen zich als eenvoudige tools zoals zaklampen, wallpapers of QR-scanners. Eenmaal geïnstalleerd vragen ze buitensporige machtigingen en beginnen ze gegevens te verzenden naar externe servers.

Een van de gevaarlijkste bedreigingen is spyware, ook wel stalkerware genoemd. Deze apps volgen stilletjes uw locatie, berichten, oproepen, foto's en zelfs microfoon- en cameragebruik—zonder dat u het merkt. Ze kunnen worden geïnstalleerd door iemand die tijdelijk toegang heeft tot uw telefoon en draaien vaak verborgen op de achtergrond.

Spyware kan zich voordoen als systeemapps met namen zoals "Device Helper" of "System Services" om detectie te vermijden. Sommige worden verkocht als "ouderlijk toezicht," maar worden vaak misbruikt voor controle of intimidatie. Zodra ze actief zijn, sturen ze continu gegevens door en kunnen ze zelfs uw microfoon of scherm op afstand activeren.

Om uzelf te beschermen, controleert u regelmatig uw geïnstalleerde apps. Verwijder apps die u niet herkent of die verdachte machtigingen hebben. Controleer ook apps met beheerdersrechten, omdat deze extra controle over uw toestel kunnen hebben.

Installeer daarnaast betrouwbare beveiligingssoftware zoals Bitdefender of Malwarebytes. Deze tools kunnen verborgen spyware detecteren en verdachte activiteiten signaleren.

Download apps alleen van vertrouwde bronnen en controleer altijd de ontwikkelaar, beoordelingen en machtigingen. Wees voorzichtig met apps die overdreven veel toegang vragen of verdachte recensies hebben.

Vermijd het installeren van apps van onbekende bronnen en schakel deze optie uit in uw instellingen. Let ook op gratis apps—vaak verdienen deze geld door uw gegevens te verkopen. Als een simpele app toegang wil tot uw microfoon, camera of contacten, is dat een waarschuwingsteken.

Let op het gedrag van uw telefoon. Snelle batterijafname, oververhitting, vreemde meldingen of hoog dataverbruik kunnen wijzen op malware.

Als u vermoedt dat uw telefoon is geïnfecteerd, maak dan een veilige back-up en voer een volledige fabrieksreset uit. Installeer apps daarna opnieuw—alleen van betrouwbare bronnen.

Leer ook anderen in uw omgeving om voorzichtig te zijn. Veel mensen installeren apps zonder te controleren wat ze doen. Bewustzijn is een van de beste vormen van bescherming.

Uiteindelijk is waakzaamheid de sleutel. Elke app die u installeert kan uw privacy beschermen—of juist ondermijnen. Kies bewust en geef nooit blind vertrouwen.

In het volgende hoofdstuk gaat het over fysieke beveiliging en wat u moet doen als uw telefoon wordt verloren of gestolen.

Verhaal: Tasha's ervaring

Tasha was een lerares die een nieuwe productiviteitsapp downloadde die er betrouwbaar uitzag. De app werkte goed, maar al snel merkte ze vreemde signalen: snelle batterijafname, onverwachte meldingen en vreemde advertenties.

Na controle bleek dat de app spyware was die haar gegevens verzamelde—zoals contacten, locatie en zelfs microfoongebruik.

Met hulp verwijderde ze de app en reset haar telefoon. Daarna begon ze haar apps kritisch te controleren en onnodige apps te verwijderen.

Haar ervaring leerde haar dat gemak vaak ten koste gaat van privacy. Ze deelde haar verhaal met anderen om bewustzijn te creëren.

Sindsdien behandelt ze haar telefoon als een beveiligde omgeving: alleen vertrouwde apps krijgen toegang, en alles wordt zorgvuldig gecontroleerd.

Hoofdstuk 8: Wat te doen als uw telefoon verloren, gestolen of in beslag genomen is

Uw telefoon verliezen is tegenwoordig niet zomaar een ongemak—het kan een digitale noodsituatie worden. Of uw toestel nu kwijtgeraakt, gestolen of in beslag genomen is, uw privéleven kan binnen enkele minuten worden blootgesteld als u niet goed voorbereid bent. Uw contacten, bankapps, foto's, berichten, social media-accounts en opgeslagen wachtwoorden kunnen allemaal toegankelijk worden. Met de juiste voorbereiding en snelle actie kunt u de schade echter beperken of zelfs voorkomen.

Stap 1: Voorbereiding vooraf

De beste verdediging begint vóórdat er iets gebeurt. Schakel functies in waarmee u uw telefoon op afstand kunt volgen, vergrendelen en wissen. Zorg ook voor een sterke toegangscode en schakel meldingen op het vergrendelscherm uit voor gevoelige apps. Verwijder toegang tot functies zoals wallets en snelle reacties vanaf het vergrendelscherm.

Stap 2: Encryptie en automatische gegevenswissing

Zorg dat uw toestel volledig versleuteld is. Dit voorkomt dat gegevens kunnen worden gelezen zonder toegangscode. Stel indien mogelijk in dat uw telefoon automatisch wordt gewist na meerdere foutieve inlogpogingen.

Stap 3: Direct handelen bij verlies of diefstal

Wacht niet—handel onmiddellijk:

Gebruik "Zoek mijn apparaat" om uw telefoon te lokaliseren

Vergrendel het toestel op afstand en toon een bericht met contactinformatie

Wis het apparaat op afstand als herstel niet mogelijk lijkt

Wijzig direct belangrijke wachtwoorden (vooral e-mail en bankapps)

Neem contact op met uw provider om uw simkaart te blokkeren

Doe aangifte bij de politie en noteer het IMEI-nummer

Stap 4: Bescherming bij inbeslagname

In bepaalde situaties (zoals reizen of juridische controles) kan uw telefoon worden ingenomen. Gebruik daarom sterke toegangscodes in plaats van biometrische ontgrendeling, aangezien deze soms juridisch kunnen worden afgedwongen. Gebruik versleutelde apps en beperk tijdelijk cloudtoegang voor gevoelige gegevens. Overweeg een aparte telefoon voor reizen.

Stap 5: Na herstel van uw toestel

Als u uw telefoon terugkrijgt:

Controleer op ongeautoriseerde toegang

Herstel instellingen en wijzig alle wachtwoorden

Controleer app-machtigingen

Voer indien nodig een fabrieksreset uit

Extra tip: noteer uw apparaatgegevens

Bewaar veilig uw IMEI-nummer, model en aankoopbewijs. Dit helpt bij aangifte, verzekering en herstel.

Kort samengevat: uw telefoon kan uw grootste hulpmiddel zijn—of uw grootste risico. Door vooraf maatregelen te nemen, voorkomt u ernstige problemen later.

Verhaal: Raj en zijn verloren telefoon

Raj verloor zijn telefoon na een lange werkdag. In eerste instantie raakte hij in paniek—zijn hele digitale leven stond erop. Gelukkig had hij eerder beveiligingsmaatregelen ingesteld.

Hij gebruikte direct een trackingfunctie, vergrendelde zijn toestel en wist uiteindelijk alle gegevens op afstand. Daarna wijzigde hij zijn wachtwoorden en blokkeerde zijn simkaart.

Deze ervaring veranderde zijn aanpak volledig. Hij stelde strengere beveiliging in, gebruikte sterkere wachtwoorden en maakte back-ups.

Later deelde hij zijn ervaring om anderen te helpen zich beter te beschermen.

Zijn belangrijkste les: u beschermt uw huis en uw portemonnee—maar uw telefoon bevat nog veel meer. Behandel die dus met dezelfde zorg.

Hoofdstuk 9: Mobiele beveiliging voor gezinnen en kinderen

In de huidige verbonden wereld zijn mobiele apparaten een integraal onderdeel geworden van het gezinsleven. Kinderen gebruiken smartphones en tablets voor school, entertainment en communicatie—vaak al op jonge leeftijd. Hoewel technologie veel voordelen biedt, brengt het ook serieuze risico's met zich mee: online roofdieren, ongepaste inhoud, cyberpesten, verslaving, datatracking en schendingen van privacy. Als ouder of verzorger is het beveiligen van de mobiele ervaring van uw kind een van de belangrijkste digitale verantwoordelijkheden die u heeft.

Begin met het begrijpen van de risico's. Kinderen zijn niet alleen gebruikers—ze zijn ook doelwitten. Apps, advertenties en zelfs andere gebruikers kunnen misbruik maken van hun nieuwsgierigheid. Kinderen realiseren zich vaak niet wat de gevolgen zijn van het delen van persoonlijke informatie, het klikken op links of het downloaden van apps.

De belangrijkste stap is open communicatie. Leg uit dat een smartphone een privilege is met verantwoordelijkheden. Maak duidelijk dat online gevaren net zo echt zijn als fysieke risico's, en dat u er bent om te helpen, niet om te controleren. Dit creëert vertrouwen en openheid.

Gebruik ouderlijk toezicht en beperkingen:
Op iOS via "Schermtijd" om appgebruik en inhoud te beperken
Op Android via "Family Link" voor schermtijd, appgoedkeuring en monitoring
Schakel veilige zoekopties in en gebruik kindvriendelijke apps zoals YouTube Kids
Gebruik tools zoals Qustodio, Norton Family of Bark voor extra bescherming

Leer kinderen over privacy. Leg uit waarom ze geen persoonlijke gegevens mogen delen en hoe apps gegevens verzamelen.

Schakel locatietracking uit voor de meeste apps en beperk functies zoals Bluetooth en AirDrop wanneer deze niet nodig zijn.

Bespreek cyberpesten en online gedrag. Zorg dat uw kind weet hoe het gebruikers kan blokkeren en melden, en dat het altijd bij u terecht kan.

Stel duidelijke regels voor schermtijd. Beperk gebruik in de avond en tijdens maaltijden en moedig balans aan.

Gebruik monitoring als hulpmiddel, niet als controle. Laat kinderen inzicht krijgen in hun eigen gebruik en stimuleer zelfdiscipline.

Zorg ook voor fysieke beveiliging:
Gebruik sterke wachtwoorden
Beperk aankopen zonder toestemming
Houd apparaten up-to-date
Bewaar gevoelige informatie op ouderaccounts

Geef zelf het goede voorbeeld. Kinderen leren door observatie. Maak digitale veiligheid een gezamenlijke waarde binnen het gezin.

Kort samengevat: het doel is niet om kinderen te isoleren van technologie, maar om ze te leren hoe ze veilig en verantwoord omgaan met digitale tools.

In het volgende hoofdstuk leert u over de toekomst van mobiele beveiliging en hoe u voorbereid blijft op nieuwe dreigingen.

Verhaal: Monica en haar zoon Leo

Monica gaf haar zoon Leo een smartphone, maar merkte al snel veranderingen in zijn gedrag en online interacties. Toen ze ontdekte dat hij met onbekenden communiceerde via een game, besefte ze de risico's.

Ze stelde ouderlijk toezicht in, verwijderde risicovolle apps en sprak met hem over online veiligheid en privacy.

Samen maakten ze afspraken over schermtijd en appgebruik. Leo begon bewuster om te gaan met technologie en kwam naar haar toe bij problemen.

Monica deelde haar ervaring met andere ouders en hielp hen hetzelfde te doen.

Haar belangrijkste les: technologie draait niet alleen om controle, maar om vertrouwen, begeleiding en bewustwording.

Hoofdstuk 10: De toekomst van mobiele beveiliging — trends, bedreigingen en hoe u voorop blijft

Mobiele beveiliging is niet langer optioneel—het is een voortdurende, evoluerende noodzaak. Naarmate smartphones krachtiger worden en dieper geïntegreerd raken in ons dagelijks leven, worden de bedreigingen complexer, hardnekkiger en moeilijker te detecteren. Begrijpen wat eraan komt is essentieel om aanvallers, manipulatieve algoritmen en surveillancesystemen voor te blijven. In dit hoofdstuk verkennen we toekomstige trends, opkomende dreigingen en hoe u uw digitale leven kunt beschermen op de lange termijn.

Een van de grootste ontwikkelingen is de opkomst van kunstmatige intelligentie (AI), zowel in aanvallen als verdediging. Cybercriminelen gebruiken AI om phishing te automatiseren, realistische nepberichten te genereren en gedragspatronen te analyseren voor gerichte aanvallen. Deepfake audio en video maken het mogelijk om zich voor te doen als vertrouwde personen.

Aan de verdedigingskant wordt AI ingezet voor realtime dreigingsdetectie, gedragsanalyse en het voorkomen van datalekken. Technologieën zoals biometrische authenticatie, gedragsgebaseerde toegang en AI-firewalls zullen steeds gebruikelijker worden.

Een andere belangrijke trend zijn zero-click aanvallen—aanvallen waarvoor geen actie van de gebruiker nodig is. Een gemiste oproep of ontvangen bericht kan al voldoende zijn om malware te activeren. Deze aanvallen maken gebruik van onbekende kwetsbaarheden en zijn bijzonder gevaarlijk.

Om uzelf te beschermen, is het essentieel om uw toestel up-to-date te houden, onnodige functies uit te schakelen en veilige apps te gebruiken.

Daarnaast zien we een toename in spyware en geavanceerde surveillancetools. Technologie die ooit alleen door overheden werd gebruikt, wordt steeds toegankelijker. Dit maakt het risico groter voor gewone gebruikers.

De oplossing ligt in sterkere hardwarebeveiliging, zoals fysieke beveiligingssleutels en privacygerichte besturingssystemen.

Biometrie zal zich verder ontwikkelen. Naast vingerafdrukken en gezichtsherkenning komen er nieuwe methoden zoals gedragsherkenning en stemanalyse. Hoewel dit meer veiligheid biedt, roept het ook vragen op over privacy en datagebruik.

Digitale identiteiten en mobiele wallets zullen steeds belangrijker worden. Uw telefoon wordt uw identiteitsbewijs, betaalmiddel en toegangssleutel. Dit maakt beveiliging nog crucialer.

Met de komst van 5G en nieuwe netwerken ontstaan er ook nieuwe aanvalsmogelijkheden. Niet alleen uw telefoon, maar ook verbonden apparaten zoals slimme huizen en voertuigen kunnen doelwit worden.

Hoe blijft u voorop?
Blijf leren over beveiliging en nieuwe dreigingen
Beperk uw digitale voetafdruk
Gebruik meerdere beveiligingslagen
Maak veilige back-ups
Beheer uw digitale identiteit zorgvuldig
Controleer regelmatig uw instellingen

De toekomst van mobiele beveiliging draait niet om het volledig elimineren van risico, maar om slimme keuzes, sterke gewoonten en bewust gebruik van technologie. Uw kennis en bewustzijn blijven uw belangrijkste verdediging.

Verhaal: Julian en Maya

Julian en Maya leefden in een volledig verbonden huishouden met slimme apparaten en mobiele technologie. Na het zien van een documentaire over spyware beseften ze hoe kwetsbaar ze waren.

Ze begonnen met het beveiligen van hun apparaten: updates uitvoeren, overstappen op veilige communicatie, tracking uitschakelen en sterke beveiligingsmaatregelen instellen.

Ze leerden hun kinderen over digitale veiligheid en maakten het een gezamenlijke verantwoordelijkheid.

Na verloop van tijd voelden ze zich niet angstig, maar juist in controle. Hun aanpak werd onderdeel van hun dagelijkse routine.

Hun belangrijkste les: beveiliging is geen eenmalige actie, maar een manier van denken.

Beveiliging is geen bestemming—het is een gewoonte

U bent aan het einde van dit boek gekomen, maar uw reis naar mobiele beveiliging begint pas net.

We leven in een wereld waarin onze telefoons meer zijn dan alleen hulpmiddelen—het zijn digitale verlengstukken van onszelf. Ze weten waar we naartoe gaan, met wie we praten, wat we zoeken, hoe we geld uitgeven en zelfs wat we denken wanneer niemand anders kijkt. En juist omdat ze zoveel weten, moeten ze worden beschermd met dezelfde urgentie, waakzaamheid en zorg die we geven aan onze huizen, onze familie en onze identiteit.

In dit boek hebben we elke laag van mobiele bescherming behandeld—van vergrendelscherminstellingen tot versleutelde berichten, van het controleren van app-machtigingen tot het herkennen van spyware en externe dreigingen. U begrijpt nu dat bedreigingen er niet altijd uitzien als bedreigingen. Ze komen vaak in de vorm van gemak, gratis downloads of standaardinstellingen die nooit zijn aangepast.

U begrijpt ook dat het doel van beveiliging niet is om angst of paranoia te creëren—maar om vrijheid te creëren. Wanneer u controle neemt over uw apparaat, uw gegevens en uw digitale gewoonten, beweegt u zich met meer vertrouwen, duidelijkheid en gemoedsrust door de wereld.

U heeft geleerd hoe u:

Uw telefoon versterkt met slimme standaardinstellingen

De juiste berichten- en videotools kiest voor echte privacy

Uw foto's, bestanden en cloudgegevens beschermt tegen lekken en datalekken

Kwaadaardige of misleidende apps herkent en verwijdert

Zich voorbereidt op noodsituaties zoals diefstal, inbeslagname of verlies van uw toestel

Uw kinderen en familie begeleidt in veilig digitaal gebruik

Voorop blijft lopen bij toekomstige dreigingen door gewoonten, tools en bewustzijn

Het belangrijkste is dat u heeft geleerd dat beveiliging geen eindpunt is—het is een praktijk. U zult uw instellingen opnieuw moeten bekijken, uw tools moeten heroverwegen en uzelf blijven bijscholen naarmate technologie verandert. Wat vandaag veilig is, is morgen misschien niet meer. Maar met de juiste mindset bent u voorbereid om u aan te passen en te blijven groeien.

De Cyber Shield Academy-serie is er om u daarbij te helpen—om echte digitale kennis op te bouwen in een tijdperk van afleiding, manipulatie en verborgen surveillance.

Dank u dat u zich heeft verdiept in deze kennis. Als u dit boek waardevol vond, deel het dan met iemand om wie u geeft. Een vriend, een ouder, een tiener of een collega. Digitale veiligheid raakt iedereen—en door bewustzijn te verspreiden, beschermt u niet alleen uzelf, maar helpt u ook anderen.

Blijf scherp. Blijf privé. **En onthoud: de kracht zit in uw zak—maar het risico ook. Bescherm beide.**

www.ingramcontent.com/pod-product-compliance
Lightning Source LLC
LaVergne TN
LVHW022029200926
848481LV00007B/2605